Ce present liure est appelle Miroer
salutaire pour toutes gens: Et de
tous estatz, et est de grant vtilite:
et recreacion, pour pleuseurs ensen
gnemens tant en latin comme en
francoys lesquelx il contient. ainsi
compose pour ceulx qui desirent ac
querir leur salut: et qui le voudront
auoir.

La danse macabre nouuelle
a. i

Discite vos choreã cuncti qui cernitis istã:
Quantum prosit honor. gloria, diuicie,
Tales esto enim matura morte futuri:
Qualis in effigie mortua turba vocat.

Est comune mori mors nulli parcit
honor. Mors fera, mors neqz. mors
nulli parcit et equam Cunctis dat
legem. tollit cum paupere regem.

Hec pictura decus, pompam. lucrum qz relegat:
Inqz choris nostris ducere festa monet.

Lacteur

O creature roysonnable
Qui desires vie eternelle.
Tu as cy doctrine notable:
Pour bien finer vie mortelle.
La dance macabre sappelle:
Que chascun a danser apprant.
A homme et femme est naturelle.
Mort nespargne petit ne grant.

En ce miroer chascun peut lire
Qui le conuient ainsi danser.
Saige est celuy qui bien si mire.
Le mort le vif fait auancer.
En vois les plus grans commãcer
Car il nest nul que mort ne fiere:
Cest piteuse chose y panser.
Tout est forgie dune matiere.

a. ii

Vos est hic hominis semper cum tempore labi: Et semper quadam condicio
ne mori. Est hominis nudum nasci: nudum qz reuerti. Est hominis putrere
solo limum qz fateri: Et miserto gradibus in cinerem redigi. Reo et opes pre
stantur ei: famulantur ad horam. Est lompler mane: vespere pauper erit.

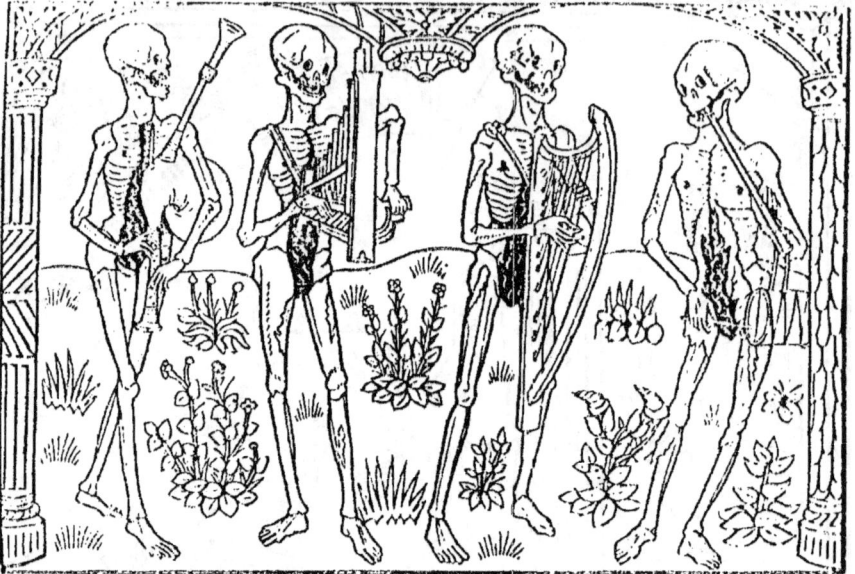

Le premier mort

Vous par diuine sentence
Qui viues en estatz diuers
Tous: danseres ceste danse
Vnefoys, et bons: et peruers.
Et si seront menges de vers
Voz corps, helas: regardez nous
Mors, pourris, puans, descouuers
Comme sommes: telx seres vous.

Le second mort

Dictez nous par quelles raisons
Vous ne penses point a morir
Quāt la mort va en voz maisons
Huy lung: demain lautre querir,
Sans quon vous puisse secourir
Cest mal viure: sans y penser
Et troup grant danger de perir,
Force est quil faille ainsi danser.

Le tier mort

Entendez ce: que ie vous dis,
Jeunes et vieulx: petis et grans
De iour en iour selon les dis
Des sages: vous alez mourās
Car voz iours vont diminuans
Pour quoy: tous serez trespasses
Ceulx qui viuez: deuāt cent ans,
Las: cent ans seront tost passes.

Le quart mort

Deuāt quil soient cent ans passes
Tous les viuans comme tu dis
De ce monde seront passes
En enfer: ou en paradis
Mon compagnon: mais ce ie dis,
Peu de gent sont qui aient cure
Des trespasses: ne de noz dis.
Le fait deulx: gist en aduēture.

Mors dñm seruo: mors sceptra ligonibus equat: Dissimiles sic códicóne trahes
Vado mori: mors certa quidem: Vado mori: quid amem quod finem
nil certius illa. Hora sit incerta: spondet amarum: Cuius inanis
vel mora. vado mori. amor non amo. vado mori.

Le mort
Vous qui viuez: certainnement
Quoy quil tarde ainsi dancer es:
Mais quant: dieu le scet seulement
Aduisez comme vous feres.
Dam pape: vous commencerez
Comme le plus digne seigneur:
En ce point honore seres
Aux grans maistre est deu lonneur

Le pape
Hee: fault il que la dance maine
Le premier: qui suis dieu en terre
Jay en dignite souueraine
En leglise comme saint pierre:
Et come autre mort me viét querre
Encore point morir ne cuidasse:
Mais la mort atout maine guerre
Peu vault honeur que si tost passe

Le mort
Et vous le non pareil du monde
Prince et seigneur grát emperiere
Laisser fault la pomme dor ronde:
Armes: sceptre: timbre: baniere.
Je ne vous lairay pas derriere
Vous ne pouez plus signorir.
Jen maine tout cest ma maniere.
Les filz adam fault tout mourir.

Lempereur
Je ne scay deuant qui iapelle
De la mort: quant me demaine.
Arme me fault de pic. de pelle:
Et dun linseul ce mest grant paine
Sur tous ay eu grãdeur mõdaine:
Et morir me fault pour tout gage.
Quest ce de mortel demaine.
Les grans ne sont pas dauantage

a. iii

O ꝙ dura premit miseros condicio vite, Nec mors humano subiacet arbitrio
Vado mort: mortem non hoc   Vado mort presens transactio
non impedit illud, Quomecūꝗ   equiparando. Si non transiui
ferat sors data: vado mort.   transeo vado mort.

Le mort
Vous faitez les bay se semble
Cardinal: sus legierement
Suiuons les autres tous emsēble
Rien ny vault ebaissement.
Vous auez vescu haultement:
Et en honneur a grant deuis:
Prenez en gre les batement,
En grant honneur se pert laduis.

Le cardinal
Jay bien cause de mesbair
Quant ie me voy de cy pres pris.
La mort mest venue assaillir:
Plus ne vestiray vert, ne gris.
Chapeau rouge, chappe de pris
Me fault laisser a grant destresses
Ie ne lauoye pas apris.
Toute soye fine en tristesse.

Le mort
Venes noble roy couronne
Renomme de force et de proesse
Jadis fustez enuironne
De grant pompez de grant noblesse:
Mais maintenāt toute haultesse
Lesseres: vous neste pas seul.
Peu ares de voltre richesse.
Le plus riche na qun linceul.

Le roy
Ie nay point apris a danser
A danse et note si sauuaige:
Las on peut veoir et penser
Que vault orgueil force, linaige,
Mort destruit tout: cest son vsage:
Aussi tost le grant que le maindre
Qui moins se prise plus est sage,
En la fin fault deuenir cendre.

Eo ꝓbuo: expirat ꝓbitaf, honeſt: honeſtaſ,   Si fuerio fortio: forcia morte cadſit
Vado mor. videat quo currat   Vado mor: miſero ſentencia
quiſꝗ ſuperſteo: Curſor habet   dura, beato Grata, mor
mecum dicere vado mor,   ſequitur viuere, vado mor.

Le mort	Le mort
Legat vous eſtez arreſte:	Treſnoble duc: renom auez
Dehoro ne ireo ſe vous affie.	Dauoir faiſ par voſtre proeſſe
Tenez vous ſeur, et apreſte	Par touſ: on vous eſtez trouuez:
Pour mourir, ie vous certiffie	Beaulx faiſ darmeo: et de nobleſſe.
Que mort auiourduy vous deffie.	Monſtrez cy voſtre ardieſſe:
Enfendez y: ceſt voſtre faiſ.	Et danſez pour gaigner le prio.
En vie longue: nul ne ſi fie.	Apreo tout homme la mort chaſſe,
Le vouloir dieu doiſ eſtre faiſ,	Leo grano ſouuent ſont pmier prio
Le legat	**Le duc**
Du pape ie auoye puiſſance	De mort ſuio aſſailliz treſfor:
Se ne ſut ceſt empeſchement:	Et ne ſay tour pour me deffendre,
Daller comme legaf en france,	Ie voiz que la mor: le pluo for.
Malo faire me fault autrement,	Comme le fleible: tend a prendre.
Car morie voſ: quant, on commeſ.	Que doy ie faire: lattendre
ꝑe en quel lieu: ie ne ſay pao.	Paciemment. et du bon cueur
Mon dieu eſt: qui le ſceſ ſeulement.	A oſeu de ſeo bieno grace rendre.
Mort ſuiſ homme pao apreo pao.	Vault eſtaf neſt pao le pluo ſeur.
	a. iiii

Jam nichil est totu quod viximus, ola seci Cþo þterieus hora qp summa trahit
Vado mori: cinis in cinerem   Vado mori sectano alios: sec
tandem rediturus. Ordine   tandus et ipse. Vltimus aut
quo cepi desino: vado mori.   primus non ero. vado mori.

Le mort

Patriarche pour basse chiere
Vous ne pouez estre quitte,
Vostre double crois quaues chiere
Vng aultre aura: cest equite.
Ne pensez plus a dignite:
Ja ne seres pape de rome,
Pour rendre compte este cite.
Folle esperance decoit lomme.

Le patriarche

Bien apercoy que mondain honneur
Ma deceu: pour dire le voir,
Mes ioyes a tome en doleur:
Et que vault tant donneur auoir,
Trop hault monter nest pas sauoir,
Hault estat gaste gens sans nobre
Mais peu le veulent parcenoir,
A hault monter le faiz encombre.

Le mort

Cest de mo droit que le vo masiue.
A la dance gent connestable:
Les plus fors come charlemaigne
Mort prent: cest chose veritable.
Rien ny vault chiere espouentable
Ne fortes armes en cest assault
Dun cop sabas le plus estable.
Rie nest darmes quat mort assault

Le connestable

Jauoye encor intencion
Daffaillir chateau. forteresse:
Et mener a sublection
En aquerant honneur. richesse.
Mais ie voy que toute proesse
Mort met a bas: cest grant desplit.
Tout luy est vng: douleur rudesse,
Contre la mort na nul respit.

Occurrunt ato pereundi mille figure. Mors qx miu° pene q mria mort io habet
Vado mort presul: baculum. Vado mort miles: belli cert ami
sandalia. mittram. Nolens siue ne victor. Mortem non didici
volens desero: vado mort. vincere: vado mort.

Le mort
Que vous tires la teste arriere
Archeuesque: tire vous pres.
Aues vous peur quon ne vo° fiere
Ne doubtez vous ventres apres.
Nest pas toussours la mort ēpres
Tout hōme: et le suit coste a coste.
Rendre conuient debtes. et prestz.
Une fois fault compter a loste.

Larcheuesque
Las: ie ne scay ou regarder
Tāt suis par mort a grant destroit
Ou fuiray ie pour moy aider:
Certes qui bien la congnoistroit
Vors de raison iamais nistroit:
Plus ne gerray en chambre painte.
Mourir me conuient cest le droit.
Quāt faire fault cest grāt cōtrainte.

Le mort
Vous qui entre les grans barons
Aues eu renom cheualier:
Obliez trompettes. clarons,
Et me suiues sans sommellier.
Les dames solies reueillier:
En faisant danser longue piece.
A autre danse fault veillier
Ce que lun fait lautre depiece.

Le cheualier
Or ay ie este autorise
En pleuseurs fais: et bien fame
Des grans. et des petis prise.
Auec ce des dames ame.
Ne oncques ne fus diffame
A la court de seigneur notable:
Mais a ce cop suis tout pasme
Dessoubz le ciel na rien estable.

Homo natus de muliere breui viués tpe
repletur multis miseriis, qui quasi flos
egreditur z conteritur, et fugit velut
vibra: et nunqз in eodem statu permanet.

Vado mort: genitus de
sanguine nobiliori.
Nec genus inducias
dat michi, vado mort.

Le mort

Tantost naurez vaillant ce pic
Des biens du monde, et de nature.
Euesque: de vous il est pic
Non ostant vostre prelature.
Vostre fait git en auenture,
De vos subges fault rendre compte:
A chascun dieu fera droicture,
Nest pas asseur q trop hault mote.

Leuesque

Le cueur ne me peult esioir
Des nouuelles que mort maporte
Dieu vouldra de tout compte oir:
Cest ce que plus me desconforte.
Le monde aussi peu me conforte
Qui tous a la fin desherite.
Il retient tout: nul rien nemporte
Tout ce passe fors le merite.

Le mort

Auance vous gent escuier
Qui saues de danser les tours.
Lance pourties: et escu hier:
Et huy vous fineres vos iours.
Il nest rien qui ne praigne cours.
Dansez: et panser de suir.
Vous ne poues auoir secours.
Il nest: qui mort puisse fuir.

Lescuier

Puis que mort me tient en ses las
Aumoins que ie puisse vn mot dire.
A dieu deduis: a dieu solas:
A dieu dames plus ne puis rire.
Pensez de lame: qui desire
Repos, ne vous chaille plus tant
Du corps: que tout leiours empire
Tous fault morir on ne scet quant.

Moro fua. moro rpi. frauo mfidi. glozia celi. Et dolor ifernli fint memoranda tibi.
Credo qz redemptor meus viuit z in nouif
fimo die de terra furrecturus fum et in
carne mea videbo deum faluatorem meff

Vado mori iudez: quia fam
plures reprehendi Iudicium
mortis horreo, vado mori

Le mort

Abbe: venez toft: vous fuyez:
Nayez la la chiere efbaye.
Il conuient que la mort fuiuez:
Combien qué moult lauez haye
Commandez a dieu labaye:
Que gros et gras vous a nourry,
Toft pourrirez a peu de aye.
Le plus gras eft premier pourry.

Labbe

De cecy neuffe point enuie:
Mais il conuient le pas paffer.
Las or nay ie pas en ma vie
Gardez mon ordre fans caffer.
Garde vous de trop embraffee
Vous qui vinez au demorant:
Se vous voulez bien trefpaffer.
On fauife tard en mourant.

Le mort

Bailly qui fauez queft iuftice
Et hault et bas: en mainte guife:
Pour gouuerner toute police.
Venez tantoft a cefte affife.
Ie vous adiourne de main mife
Pour rendre compte de vous fais
Au grant iuge: qui tout vng prife.
Ou chafcun porteras fon fais.

Le bailly

Hee dieu: vecy dure iournee:
De ce cop pas ne me gardoye
Or eft la chanfe bien tornee:
Entre iuge honneur auoye.
Et mort fait ranaler ma ioye:
Qui ma adiourne fans rappel.
Ie ny voy plus ne tour ne voye,
Contre la mort na point dappel.

Mors facit exosū: res aufert: atz coloré. Vermib' exponit: fetécia corpora reddit.
Vado mori sapiens, sed quid
sapiencia nouit? Mortis cau
telas fallere: vado mori.

Vado mori sperans per longum
viuere tempus. Sorte dies hec
est vltima. vado mori.

Le mort
Maiftre: pour voftre regarder
En hault: ne pour voftre clergie:
Ne pouez la mort retarder.
Cy ne vault rien aftrologie.
Toute la genealogie
Dadam qui fut le premier homme
Mort prent: ce dit theologie.
Tous fault mourir pour vne pôme

L aftrologien
Pour science ne pour degrez:
Ne puis auoir prouifion.
Car maintenant tous mes regrez
Sont: mourir a confufion.
Pour finable conclufion.
Ie ne fcay rien que plus defcriue.
Ie pers cy toute aduifion.
Qui vouldra bien morir bien viue

Le mort
Bourgois haftez vous fans farder.
Vous nauez auoir ne richeffe
Qui vous puiffe de mort garder.
Se des biens dont euftes largeffe:
Aues bien vfe: ceft fageffe.
Dautruy viét tout: a atruy paffe
Fol eft qui damaffer fe bleffe.
On ne fcet pour qui on amaffe.

Le bourgois
Grant mal me fait fi toft laiffier
Rentes: maifôs: cens: nourritures
Mais pourres: riches abaiffier
En faiz mort: telle eft ta nature
Sage neft pas la creature.
Damer trop les biens q demeuret
Au monde: et font fien de droiture.
Ceulx q plus ont: plus enuz meuré?

co fapiens: marcet fapiencia morte. redundans Diuicijs: lapfu mobiliore fluit
Vado mozi non me teneto:na
fuo: neqʒ veftio:ʒ linea: nec
mollis culcitra vado mozi.

Vado mozi magnus mundi
mozitu:us amatoz. Hunc
fpernens poffu dicere vado mozi

Le mozt
Sire chanoine prebendez:
Plus ne aures diftribucion:
Ne gros: ne vous il acttendez:
Prenez cy confolacion.
Pour toute retribucion
Mouric vo⁹ conuient fãs demeure
Ja ny aurez dilation.
La mozt vient quon ne garde leure

Le chanoine
Cecy guere ne me conforte:
Prebende fus en mainte eglife.
Oz eft la mozt plus que moy forte
Que tot en mainue: ceft fa guife.
Blanc furpelis et amuffe grife
Me fault laiffier: et a mozt rendze.
Que vault cloître fy tott bao mife.
A bien mozir doit chafcun tendze.

Le mozt
Marchant: regardez par deca,
Pleufeurs pays auez cerchie
A pie et a cheual de piecaʒ
Vous nen feres plus empefchie.
Vecy voftre dernier marchie.
Il conuient que par cy paffez.
De tout foing feres defpefchie.
Cel connoifte qui a affez.

Le marchant
Jay efte amont et aual:
Pour marchander ou ie pouoye.
Par long tempo a pie: a cheual:
Mais maintenant pers toute ioye
De tout mon pouoir acqueroye:
Oz ay ie affez. mozt me contraint.
Bon fait aller moyenne voye.
Qui trop embraffe peu eftraint.

Omnia mors tollit doctissimū cecidisse cathonē: Atq̃ ipsū socratē p̃buisse ferui
Vado mori logicus, alios con   Fortium virorum est magis mortē
cludere noui: Conclusit breui   contemnere q̃ vitā odiisse Stultū e
ter mors michi. Vado mori.   timere: quod vitari non potest.

Le mort

Hōmes pluseurs sont chers tenus
Au siede. et en religion.
Lesquelx touteffois sont venus
De gens de basse condition.
La doctrine et correction
De vous maistre: telx les a fait.
Or mourrez vous: conclusion.
Hōme par mort est tost deffait.

Le maistre descole

Grammaire est science sans fable
De toutes autres ouuerture:
A ieunes enfens conuenable .
Car sans elle: ie vous assure
Que autres sciences nont cure
De entrer en entendement.
Ainsi le veult dieu. et nature.
Par tout il fault commencement.

Le mort

Sur coursier ne cheual de pris
Homme darmes ne monteres
Plus, puis que la mort vo⁹ a pris:
Aduisez comme vous feres.
Le monde ia tost laisseres.
Ne actendez plus courir la lance
Regardez moy: tel vous seres.
Tous seux de mort sont a oultrance

Lomme darmes

A dieu le seruice du roy
Que soloye faire soir. et main.
De mort suis prins en desarroy:
Sans respit iusques a demain.
A ceste danse par la main
Ie suis menez piteusement.
Mort y cōtraict tout hōme humain
Mourir fault: on ne scet cōment.

isduo ſūt q̃ corde tenꝰ ſub pectore miſi. Mors mea, ſudiciſſ, baratri nor, lux para
Vado mori ſenior. iam ſinis tpis   Vado mori pulcer viſu: diſſ
ſuttat. Jamq; patet mortis   mors ipſa decori: Vel forme
ianua. vado mori.   neſcit parcere. vado mori

Le mort
Homme darmes plus ne reſte:
Allez ſans faire reſiſtence.
Cy ne pouez rien conqueſte.
　Vous auſſi homme daſtinence
Chatreur: prenes en pacience.
De plus viure nayez memoire.
Faictez vous valoir a la danſe.
Sur tout homme mort a victoire.

Le chartreux
Je ſuis au monde pieca mort
Par quoy de viure ay moing enuie
Ja ſoit que tout hōme craint mort
Puis que la char eſt aſſouuie:
Plaiſe a dieu que lame raule
Soit co ciel apres mon treſpas.
Ceſt tout neant de ceſte vie.
Cel eſt huy: qui demain neſt pas.

Le mort
Sergent qui porte celles mace:
Il ſemble que vous rebellez.
Pour neant faictez la grimace:
Se on vous greue ſi appellez.
Vous eſte de mort appellez.
Qui luy rebelle il ſe decoit.
Les plus fort ſont toſt rauallez.
Il neſt fort quant il fort ne ſoit.

Le ſergent
Moy qui ſuis royal officier:
Comme oſe la mort frapper
Je faſoye mon office hier.
Et elle me vient huy happer:
Je ne ſcay quelle part eſchapper:
Je ſuis pris deca et dela.
Malgre moy me laiſſe apper.
Cuuiz meurt qui appris ne la.

Dec tua vita breuis que te delectat iniqz; Est velut aura leuis, te mors expectat vbiqz.
Breues dies hominis sunt numerus
mensius eius apud te est, constituisti
terminos eius q preteriri nō poterūt

Vado mori diues; aurum
vel copia rerum Nullum re
pectū dat michi; vado mori.

Le mort

Da maistre; par la pateres
Naiez la soig de vous deffēdre
Plus hōmes nespouenteres,
Apres moine sās plus actēdre
Ou pēsez vous; cy fault ētēdre
Tantost aurez la bouche close,
Hōme nest; fors que vēt z cēdre
Vse dōme ē moult peu de chose

Le moine

Jamasse mieulx encore estre
En cloistre et faire mon seruice
Cest vng lieu deuost z bel estre
Or ay se comme sol, et nice,
Ou teps passe cōmis mast vice
De quoy nay pas fait penitāce
Souffisant, dieu me soit apyce
Chascun nest pas soyeur q dāse

Le mort

Vsurier, de sens desrugles
Venez tost; et me regardez,
Dusure estes tant aueugles;
que dargēt gaigner tout ardez
Mais vo⁹ en seres bien sardez
Car se dieu qui est merueilleux
Na pitie de vous; tout perdez
A tout perdre est cop perilleux

Lusurier

Me conuient il si tost morir;
Ce mest grāt pesne z greuance
Et ne me pourroit secourir
Mon or mō argēt ma cheuāce
Je vois morir la mort mauāce
mais il mē desplait sōme toute
Quest ce de male acoustumāce
tel a brant veue q ne voit goute

Le poure hōme

Vsure est tant
mauluais pechie
Comme chascun
dit; et raconte,
Et cest homme;
qui approche
Se sent de la mort
nen tient conte.
Mesme largent;
que ma main cōpt
Encore a vsure
me preste,
Il deura de re
tour au cōpte,
Nest pas qilite
qui doit de reste.

felix mortale genus: si semper hēret Eternū pre mente deum: sine qz timeret.
Vado mori medicus: medicamine   Vado mori: nō me retinet vi
non redimendus. Quitquid agat   ciosa voluptas: nec luxus
medici potio: vado mori.   auget viuere. vado mori

Le mort

Medicin a tout vostre orinne
Voies vous icy quamander?
Jadis sceutes de medicine
Asses pour pouoir commander.
Or vous vient la mort demander.
Cōme autre vous conuient morir:
Vous ny poues contremander.
Bon mire est: qui se scet guerir.

Le medicin

Long tēps a que lart de phisique
Jay mis toute mon estudie.
Jauoye science et pratique.
Pour guerir mainte maladie.
Se ne scay que se contredie
Plus ny vault herbe ne racine:
Nautre remede quoy quon die.
Contre la mort na medicine.

Le mort

Gentil amoreux gent et frique
Qui vous cuides de grant valeur:
Vous estez pris la mort vous pique.
Le monde lares a doleur.
Trouplaues ameri cest soleur:
Et a morir peu regarder.
Ja tost vous changeres coleur.
Beaute nest quimage farder.

Lamoreux

Helas: or ny a si secours
Contre mort a dieu amourettes:
Moult tost va seunesse a decours.
A dieu chapeaux bouques fleuretes
A dieu amans et pucelettes:
Souuienne vous de moy souuent.
Et vous mirez se sages estes:
Petite plue abat grant vent.

b.i

Vado mori variis epulis vino
q̃ repletus. His vtens
restat dicere: vado mori.

Vado mori gaudens non gaudeo
Tempore longo. Mundi dimitto
gaudia vado mori.

Le mort

Aduocat sans long proces faire
Venez vostre cause plaidier.
Bien aues sceu les gens actraire
De pieca: non pas duy ne dier.
Conseil si ne vous peut aidier.
Au grant iuge vous fault venir
Sauoir le deues sans cuidier.
Bon fait iustice preuenir.

L'aduocat

Cest bien droit que raison se face
Ne ie ny scay mectre deffence:
Contre mort na respit ne grace:
Qui napelle de sa sentence.
Jay eu de lautruy quāt ie y pence
De quoy ie doubte estre repris.
A craindre est le iour de vengence
Dieu rendra tout a iuste pris.

Le mort

Menestrel qui danses et notes
Sauez et auez beau maintien
Pour faire esioir fos, et sotes:
Quen dicte vous, alons nous bien
Mostrer voꝰ fault puis q̃ vous rien
Aux autres cy: vng tour de danse
Le contredire ny vault rien
Maistre doit monstrer sa science.

Le menestrel

De danser ainsi neusse cure
Certes tresennuiz ie men mesle:
Car de mort nest painne plus dure
Jay mis sub le banc ma vielle.
Plus ne corneray sauterelle
Nautre danse: mort men relient.
Il me fault obeir a elle.
Tel danse a qui cuer nen tient.

Mors operat, fuga nulla patet: mortale tributum Soluere: nature lege tenet? hom.
Vado mori cerneus g mors cunc Vado mori pauper: nil mecum
tis dominatur Censa videns defero: mundo. Contempto
mortis recta: vado mori. mundus transeo, vado mori.

Le mort
Passes cure sans plus songer:
Je sens questez abandonne.
Le vif le mort solies menger
Mais vous seres aux vers donne.
Vous fustez iadis ordonne
Miroer dautruy, et exemplaire.
De vous fais seres guirdonne.
A toute paine est deu salaire.

Le curé
Veulle ou non il fault que me rende
Il nest homme que mort nassaille.
Pcez de mes parrossens offrende
Nauray iamaios ne funeraille.
Deuant le iuge fault que ie aille
Rendre compte las doloreux:
Et ay ie grant peur que ne faille.
Qui dieu quit te bien est eureux

Le mort
Laboreur qui en soing et paine
Auez vescu tout vostre temps:
Morir fault cest chose certaine
Reculler ny vault ne contens:
De mort deues estre contens
Car de grant soussy vous deliure
Approchez vous le vous attens
Folz est qui cuide touffiour viure.

Le laboureur
La mort ay souhaite souuent
Mais volentier le la fuisse:
Iamaisse mieulx fit pluye ou vent
Estre es vignes ou ie fouisse:
Encor plus grant plaisir y prisse
Car ie pers de peur sont propos.
Or nest il qui de ce pas ysse.
Au monde na point de repos.

b. ii

Pauperis et regis cōmunis lex moriendi Dat causam flēdi: si bene scripta legis
Corporis et aīe societas non firmo vinclo ferro, peste, flama, vinclio, ar
coheret: facile dirimitur, Stultum est in dore, calore, Mille modis leti:
eo confidere: quod leui perditur casu. miseros mors vna fatigat,

Le mort
Promoteur venez a la court
Tantost: et soyez aduise
Respondre le long, ou le court,
Du cas qui vous est impose,
Cest: car vous este accuse
Nauoir pas tousiours iustement
De voustre office bien vse,
En mal fait gist amendement.

Le promoteur
Jeusse demain receu six solz
Dun homme qui est en sentence
Pour consentir qui fut absoulz
Se ieusse ester a laudience,
Plus ne me fault penser en ce
Mort ma souprtz en son embuche
Prandre me fault en pacience
Bien charie droit qui ne trebuche

Le mort
En soucy, peine, et traueil,
Auez garder prisons geolier
Souuent on vous a fait resueil
Cuidanz dormir, ou sommeillie,
Vous nen serez plus traueillie
Venez danser sans plus de plait
Cy est on vous deuez veillier
Il fault morir quant a dieu plait.

Le geolier
Je tenoye de bons prisonniers
Desquelx iatendoye receuoir
Pleine ma bourse de deniers
Pour despence, et pour auoir
Les garder, et fait mon denoir
De les penser bien loyalment,
Quant on meurt on doit dire voir,
Dieu scet qui dit vray, ou qui ment.

Vita quid é hois: nisi res vallata ruinis, Et caro nra cinis mo pncipiu mo finis
Omnes enim mors cadere facit. Non su securus hodie vel cras
sed post illam viuentibus pie: celsus moriturus. Jntus siue foris
iudex deus miranda promittit. est plurima causa timoris.

Le mort
Pelerin: vous auez assez
Aller en pelerinage.
Trauelle estez: et lassez,
Bien appart a vostre visage.
Cest cy vostre derrenier vouage
Que bon vous soit faictez deuoir
La fin coronne tout ouurage,
Selon euure payement auoir.

Le pelerin
En tout temps yuers et este,
Vouager estoit mon desir.
Or suis ie par mort arreste
Jen loue dieu quant cest son plesir.
Et luy prie qui me doint loisir
De tous mes pechez confesser:
Pour mon ame en repos gesir,
Vng iour me faloit tout lesser.

Le mort
Bregier: dansez legierement,
Jcy nest pas qhon doit songer,
Voz brebis sont certainement
Maintenant en atruy danger:
Car vous serez pour abreger
Tost passez, plus ne poues viure
Lestat de lomme est tost changer.
Qui meurt de maitz malz e deliure

Le bergier
Las: or demeurent en grat danger
Mes brebis aux chaps sas pastour
Loups effames pour les menger
A ceste heure sont alentour.
Ou pour leur faire acun saulx tour
Loups sot maluais de leur nature,
Son cecy il suent puis sont retour,
A tous vmains la mort court sure.

b.iii

Carnis vita labor: carnis cōcepcio fabeo
Vado moit: sed nescio quo: sz
nescio quando. Quomecūcp
loco verfero, vado moit.

Menstrua, putredo finis: origo lutum
Vado moit iuuenis: quia nil
valet ipsa iuuctus. De nece
protegere nequeo vado moit

Le mort
Faicte voye vous aues tort
Sus bergier.   Apres cordelier
Souuent aues preschie de mort
Si vous deuez moing merueillier,
Ja ne sen fault esmay ballier
Il nest si fort que mort narecte,
Si fait bon a morir veillier,
A toute heure la mort est preste

Le cordelier
Quest ce: que de viure en ce monde.
Nul homme a seurfe ny demeure:
Toute vanite y habonde
puis viēt la mort qua to⁹ court sure
Mendicite point ne me asseure
Deo messais fault paier lamende.
En petite heure dieu labeure,
Sage est le pecheur qui lamende,

Le mort
Petit enfent na guere het
Au monde auras peu de plaisance,
A la danse seras mene
Cōme autre, car mort a puissance
Sur tous: du iour de la naissance
Conuient chascun a mort offrir:
Fol est qui nen a congnoissance,
Qui plus vit plus a souffrir,

Lenfant
A. a. a, ie ne scay parler
Enfant suis: iay la langue mue,
Hier naquis: huy men fault aller
Ie ne faiz que entree et yssue.
Rien nay mesfait, mais de peur sue
prēdre en gre me fault cest le mieulx
Loidenance dieu ne se mue.
Ainsi toit meurt teune que vieul

sparma prius: mō saccus oleoz post vermibꝰ esca   In tumulo, pro qua dote subibit hō.
Vado mori miserere mei rex   Vado mori sperans vitam sine
inclite xpe: Omnia dimittens   fine manentem. Spernens pre-
debita: vado mori.   sentem: sic bene vado mori.

Le mort

Cuidez vous de mort eschapper
Clerc esperdu pour reculer:
Il ne sen fault ia defripper.
Tel cuide souuent hault aller
Quon voit acop tost raualler
Prenez engre: alons ensemble
Car rien ny vault le rebeller
Dieu punit tout q̃t bō lui sēble.

Le clerc

Fault il quin ieusue clerc seruāt
Qui en seruice prent plesir
Pour cuider venir en auant
Meure si tost: cest desplesir
Ie suis quitte de plus choisir
Aultre estat. il fault quāsi dāse
Ia mort ma puls a son loisir.
Moult remaist de ce que fol pēse

Le mort

Clerc: point ne fault faire refus
De danser: faicte vous valoir.
Vous nestez pas seul: leues sus
pour tāt mais voz ēdoit chaloir.

Venez apres cest mon voloir
Hōme nourry en hermitaige:
Ia ne vous en conuient doloir.
Vie nest pas seur heritaige.

Le hermite

Pour vie dure ou solitaire
Mort ne donne de viure espace.
Chascun le voit si sen fault taire
Or requer dieu quın don me face
Cest que tous mes pechiez efface
Bien suis cōtens de tous ses biēs
Pelquelx la vie de sa grace.
Qui na souffisance il na riens

Le mort

Cest bien dit:
ainsi doit on dire
Il nest qui soit
de mort deliure:
Qui mal vit
il aura du pire:
Si pēse chūn
de bien viure.
Dieu pesera
tout a la liure
Bon y fait pēser
soir et main:
Meilleur science
na en liure.
Il nest qui aie
point de demain
                b. iiii

Oꝛtus cũcta suos repetũt matrē ⱦ reqͥrũt Et redit in nichilũ quod fuit aũ nichil
·Paucitas dierũ meorum finietur breui,　　Vado moꝛitulͥus, moꝛo sͥ
di micte ergo me dñe vt plãgam paululũ　　to vel sapientiͥ: Non iungit
doloꝛē meũ: asiᵹ vadã et non reuertar,　　pacio federa, vado moꝛ.

Le moꝛt

Aux bonnes gens de villages
Auez mengez la poulalle,
But le viu: faitz grans oultrages
Sans paier denier ne maille,
Atout voͦtre chappeau de paille
Hallebardie: venez auant
Et danseres vaille que vaille
Autant vault dernier que deuant.

Le hallebardie

Ie crainz passer le passage
De moꝛt, quat bien ie y regarde:
Qui ne le craint: nest pas sage,
Rien ny vauldroit ma hallebarde,
ꝛe feroit pas vne bombarde,
Se ie me cuidoye deffendre,
Chascun se tienne sus sa garde,
Quãt moꝛt assault il se fault rẽdꝛe.

Le moꝛt

Que si dansez nest que vsage
ꝰon amy sot: bien vous aduient
De y danser comme plus sage
Tout homme danser y conuient
Lescripture si men souuient
Dit en vng pas: qui bien lentend
Lomme sen vad point ne reuient
Chascune chose a sa fin tend

Le sot

Oꝛ sont maintenant bons amis
Et dansent icy dun accoꝛd:
Pleuseurs qui estoient ennemis
Quant ilz viuoient et en discoꝛd
Mais la moꝛt les a mis dacoꝛd
La quelle fait estre tout vng
Sages et sotz: quant dieu lacoꝛd,
Tous moꝛs sont dun estat commun.

Dies mei sicut vmbra de
clinauerunt: et ego sicut
senum arui.Tu autem
dñe in eternũ permanes.

Esto memor ꝗ puluis eris et vermibus esca
In gelida putrens quando iacebis humo.
Non erit in mundo qui te velit vltra videre:
Cum tua rancidior sit caro rupta cane.

Vous: qui en ceste portraiture
Veez danser estas diuers
Pensez que humainne nature:
Ce nest fors que viande a vers
Je le monstre: qui gis enuers
Si ay le este roy couronnez.
Tel seres vous bons: et peruers.
Tous estas: sont a vers donnes.

  Lacteur

Rien nest homme qui bien y pense.
cest tout vent: chose transitoire.
Chascun le voit: par ceste danse.
Pour ce vous qui veez listoire
Retenez la bien en memoire.
Car homme et femme elle amonneste:
Dauoir de paradis la gloire:
Eureux est qui es cieulx fait feste

Bon y fait penser soir et main:
Le penser en est profitable.
Tel est huy: qui mourra demain
Car il nest rien plus veritable
Que de morir, ne moins estable
Que vie domme, on lapercoit
A leul, pour quoy nest pas fable.
Folz ne croit iusques il recoit.

Mais acuns sont a qui neuchault
Comme si ne fut paradis
Ne enfer, helas: il auront chault.
Les liures que firent iadis.
Les sains: le monstrent en beaux dis.
Acquitez vous que cy passes:
Et faites des biens: plus nen dis.
Bienfait vault moult es trespasses

·Puis que ainsi est que la mort soit certainne:
·Plus que aultre rien terrible et douloureuse:
Et que chose ne peult estre incertainne
·Puis que en est leure horrible et angoisseuse
Et soit si briefue et par tant perilleuse
Las nostre vie: en ceste valee miserable,
Il mest aduis pour le plus conuenable:
Que nous deuons du tout entierement
Mectre soub pie ce monde decepuable.
·Pour bien morir et viure longuement.

Delesser doit toute ioye mondainne
Et mener vie humble et religieuse
Qui monter veult a latressouuerainne
Cite des cieulx qui tant est glorieuse.
La contempler doit tousiours lame eureuse,
Qui ayme dieu et hait euure de diable
Suiure les bons estre a tous charitable
Soy confesser souuent denotement
Et messe ouir qui tant est profitable.
·Pour bien morir et viure longuement

Troup sabuse homme qui demainne
Orguiel en luy et vie ambicieuse.
Quant il scet bię que la mort tout emmainne
Qui vięt souuent soudainne et merueilleuse.
Mais doit penser la passion piteuse
Du redempteur, et la peine doutable
Denfer sans fin, qui est inenerrable,
Le iour hatif du diuin iugement.
Et ses peches, comme saige et notable,
·Pour bien morir et viure longuement

O mortel homme: et ame roissonnable:
Se apres ne veulx mort estre dampnable
Tu dois le iour vne fois seulemeut
·Penser du moins ta fin abhominable
·Pour bien morir et viure longuemeut

Sensuiuent les dis des trois mors: et trois vifz. et doit on
premieremẽt lire ceulx des mors pour mieulx les entẽdre

Le second vif

Est ce doncques a bon esciant
Que la mort nous va espiant
Et qui nous fault ainsi mourir,
Nest il homme qui secourir
En puist: pour or ne pour argent:
Helas: conuient il seune gent
A tel horrible te venir.
Oncques ne men peult souuenir
Mais ie voy bien que cest acertes,
Je voy les enseignes appertes,
De mort passerons les destrois:
Et deuenrons comme ses trois
Cest la fin de nostre besongne.
Helas helas: meschant charongne:
Mais que tu faces tes plaisirs:
Tes volentes: tes faulx desirs:
Il ne te chault du remenant.
Or veons nous bien maintenant:
Que par toy nous sumes deceu
Qui iusques a cy te auons creu,
Et de nous ames peu te chault
Se elle ont: ou froit ou chault,
Fy: charongne qui rien ne vaulx,
Tu ayme mieulx les grans cheuaulx
Les beaux habitz si pol durable:
Et telles choses corrumpables
Pour toy meschãs corps z rebelle
Que tu ne fais vne ame belle,
Et si scez bien que tu mourras
Et en la terre pourriras
Ou lame pardurablement
En ioye viura: ou en torment
Pensons doncques si bien finer
Que en ioye puissons regner
Bon y fait penser quant on peult
Souuẽt on ne peult quãt on veult

Le tier vif

Certe cest bien dit: mais au fort
Il ny a point de desconfort.
Tous nous conuient passer ce pas.
Et croy que dien ne nous hait pas
Mes beaux seigneurs z beaux amis
Quãt les trois mors no⁹ a trãsmis
Qui dõne nous ont cougnoissance
De la mort, et de la meschance
Qui nous vient finer nostre ioye
Helas: iamais ie ne cuidoye
Que ce temps cy nous deust faillir
Ne que mort osast assaillir
Telz gentilz gens comme sommes
Mais ie voy bien que riches hõmes
Sont tel, et de nulle value:
Ne plus ne mains que gent menue
Nen parlons plus: cest tout neant
Maintenant ie suis cler voyant
Que la ioye du monde est briesue:
Et la fin delle point: et griefue,
En enfer est horrible paine,
En paradis a ioye plaine
Sur toute ioye delectable
Et lune et lautre est pardurable.
Or ensuiuons ie vous emprie
Desormais la meilleur partie
Fol est qui choisit: et depart:
Quant il eslit la pire part.
Deux voies auõs deuãt nous yeux
Nous qui viuons sennes z vieux
Vne a ioye, et repos menne:
Lautre a torment, et a peine.
Pour ioye et repos auoir
Bien fault faire doit on sauoir
Qui mal fait et ne se repent
Il aura peine et torment

Le premier vif.

O saincte croix par ta puissance
Don ie voy cy la remembrance.
Garde mon corps: et ne consens
Que le perde auiourduy le sens.
Pour ceste gent hydeuse et morte
Que telz nouuelles nous apporte
Nouuelles dures et peruerses:
Las: entre les choses diuerses
Touchans nostre fragilite.
De quoy nous ont dit verite
Mon poure cueur de paour fresble:
Quãt trois mors ainsi voit ẽsemble
Deffigures: hydeux diuers.
Tous pourris: et menges de vers.
Le premier dit: bien men souuient
Que mort endurer nous conuient
A grant angoisse et grant doule ur
Dont il me fist muer couleur

Et des ames dit vne chose:
Que declairer ne veult ne nose
Ie croy cest de leur dampnement
En enfer perdurablement
Telz nouuelles ne sont pas bõnes
Las: nous chetiues personne s:
A quoy nᵒ fist onquez dieu naistre
En ce meschant monde pour estre
Si tost liurez a tel ordure
De ma vie nauray iamais cure
Quant ie voy que les gẽs qui viuẽt
Tant de maleurte ensuiuent
Que ie prise troup mieulx assez
Le poure estat des trespassez
Car toussours sans fin durera
Ou celuy des viuans finera
Et en lestat que toussiou s dure
Chascun viure doit mectre cure.

Vos estis in hoc mundo sicut nauis super mare. Semper in periculo:
semper timens accubare. Preuigilanti oculo deberetis remigare.
Ne bibatis de p oculo dire mortis et amare.

Le premier mort

Se nous vous aportons nouuelles
Qui ne soient ne bonnes ne belles:
A plaisance, ou a desplaisance,
Prendre vous fault en pacience,
Car ne peult estre autrement,
Beaux amis: tout premierement
Non obstant quelconque richesse:
Puissãce honneur force ou ieunesse
Nous vous denõcons tout de voir
Qui vous conuient mort receuoir
Vne mort helas: si douloureuse:
Si amere: sy angoisseuse:
Que les mors qui en sont deliures:
Ne vouldroient iamais reuiure:
Pour moesr encor de tel mort
Et apres quant vous seres mort
Tout ainsi que pourres truans
Vous seres hydeux, et puans.

Des nostres: et de noz liuree
Et vous ames seront liuree
Je nen dis plus: mais cest du pire,
Il me souffit assez de dire
De vos meschans corps la misere
Qui ne sont pas dautre matere
Certainnemẽt ne que nous sõmes
Na guere estions puissans hõmes
Or sommes telz comme voyez
Se vous voules si pouruoyez.
Et bien y deuez pouruoir
Quant en nous vous poues veoir,
Comme de vous il aduiendra
Et quel louier mort vous rendra
Car voz corps q̃ sont pleins dordure
Aller sera a pourriture.
Telz cõme vous vn tẽps nõ sumes
Tel seres vous comme nõ sõmes.

Le second mort

Pouruoiez y se vous voulez
Autrement que vous ne soulez
Car certe la mort vous espie
Pour vous oster des corps la vie
Plus briefment que ne cuidez
Qui estes sy oultrecuidez
Que pour vng pou de ioye vainne
Vng pou de plaisance mondainne
Qui est de cy courte duree
Tost venue: plus tost allee:
Voulez perdre la ioye fine,
De paradis qui point ne fine
Et que pis est: dampnes seres.
Aultrement nen eschapperes
Mais se sera sans deliurance
Comme auez vous atel plaisance
Dictes nous meschans orguilleux
En ce monde cy perilleux
Ou il na que diuisions
Diuerses tribulacions
Puis guerre: puis mortalite:
Tousiours nouuelle aduercite
Reuient auant que lautre faille.
Vous ne sauez homme sans faille
Tant soit puissant veuille non veulle
Qui ne seuffre: qui ne se deulle:
Ailleurs doncques repos queres
Car si point ne le trouueres
Repos aurez en paradis
Se croire vous voulez les dis
Des saiges qui conseillent faire
Ce que faire est necessaire:
Pour laquerir: et pour lauoir,
Rien mieux nully ne peult auoir
Faicte des biens plus que porres
Autre chose nen porteres.

Le tiers mort

O folle gent mal aduisee
Que ie voy ainsi desguisee
De diuers habitz et de robes
Et dautre chose que tu robes
Tant puante charongne a vers
Et prens de tort et de trauers
Ne il ne te chault don te viengne
Mais que ton estat se maintiegne,
Quant ie renoy tes faulx delitz
De vins, de viande les delitz.
Les grans exces les grans oultrages
Don ceulx qui font les labourages
Aux champs et pour toy se trauaillet
Tous nuz et de faim crient et baillet
Quant ie voy tel gouuernement
Ie doubte que soudainnement
Dieu telle vengence nen face
Que vous nayez temps ne espace
Seulement de luy crier merci
Cuides vous tousiours regner cy
Folz meschans de male heure nez
Qui en ce point vous demenez
Nenny nenny vous y mourrez,
Faicte du pis que vous pourrez
Lors aurez perdurable vie
Bonne ou male nen doutez mie
Dieu est iuste il paiera
Chascun selon ce qui fera
Faicte des biens natendez pas
Que ceulx apres vostre trespas
Pour vous en facent q ames chier
Qui de vous ne voudroiet appchier
En la terre vous porteront
Et tost apres vous oblieront
Et telz cuidez vous bon amis
Qui sont voz plus grans ennemis

Las: et pour quoy prent tu si grant plaisir
Homme abuse plain de presumpcion
En ce fault monde, ou na que desplaisir
Enuie: orgueil: guerre: et discension
Bien maleurense est ton affection.
Que pense tu: as tu plus grant enuie
de viure en doubte en ceste courte vie
Qui les mondains a la mort denfer maine,
Cest bonne chose de viure en vie certainne.
Las tu scees bien : si tu nes insensible
Que cest chose forte, voire impossible
De auoir sa sus ton aise entierement:
Et apres mort la sus pareillement
Helas: pour tant change condicton:
Et te rauisse, ou tu es autrement,
Homme deffait et a perdicion.

Le quel veul tu: ou vie, ou mort choisir,
Choisir des deux tu as discrecion,
Ayme tu mieulx de ton corps le desir:
Pour ton ame mectre a dampnacion
Que viure vng peu en tribulacion:
Et que apres mort soit ton ame rauye
En gloire es cieulx: qui de nul deseruie
Estre ne peult en ceste vie humainne.
Si ne lesse terre: auoir: et demainne
Et pere: et mere: et tout sil est possible:
Et viure en peine, et en labeur terrible
En seruant dieu tousiours paciemment.
Cest le chemin qui conduyt seurement
Apres trespas lomme a saluacion
Et qui va autrement: il va a dampnement
Homme deffait et a perdicion.

Cuide tu cy tousiours auoir laisir
Dauoir pardon sans satisfacion
Et toute nuit en blanc lit mol gesir
Puis a cesour sans operacion
Passer le temps en delectacion
Tant que du tout la char soit assouye:

·Pense tu point qui faille que on deule
Et que prengne fin puissance mondainne
Helas ouy: car mort viendra soudainne
Une heure atoy: a tout son dart horrible
Si tres acoup comme chose inuisible
Que pas nauras laisir acuinement
De dire adieu peccaui seulement.
Ainsi mourras tost sans contriccion:
Don tu seras par diuin iugement
Homme deffait et a perdicion.

Homme en peril sache certainnement
Que ce tu nas autre vouloir briefuement
De tamender : ne aultre deuocion
Tu te verras vng iour subitement
Homme deffait et a perdicion.

Arte noua pressos si cernis mente libellos:
Ingenium tociens exuperabit opus.
Nullus adhuc potuit huius contingere summu
Ars modo plura nequit: ars dedit omne suu.

Vir fuit istud opus quod conditor indicat eius

Cy finit la danse macabre hystoriee z augmé
tee de pleuseurs nouueaux parsonnages et
beaux dis, et les trois mors et troif vif emsé
bles. nouuellement ainsi composee et impri
mee par guyot marchant demorant a paris
ou grant hostel du college de nauatre en
champ gaillart Lan de grace mil quatre cent
quatre vingz et six le septieme iour de iuing

La danse macabre des femmes
Et le debat du corps et de lame

Lex metuenda premit mortales, omnibus vna
Mors cita sed dubia, nec fugienda venit
Circuit et surgens sol vitam prestat, et item
Cum cadit anichillat quod nichil ante fuit
Sic dat, sic retrahit, iterum trahet, atque retraxit
Omnia, sol girans quod dedit, ipse trahit

Hec pictura decus, pompam, lucrum que relegat:
Inque choris nostris ducere festa monet.

Lacteur

Mirez vous icy mirez femmes
Et mettez vostre affection:
A penser a voz poures ames
Qui desirent saluation.
Cy bas nest pas la mansion
Ou vous devez estre tousiours
Mort melz tout a destruction.
Grant et petit meurt touslesiours

Pour noblesse, ne pour honneur.
Pour richesse, ou pouurete.
Pour estre dame de valeur.
Ou femme de mendicite
Ne differe mort equite
Mais autant dune part que dautre
Sans auoir mercy ne pite.
Huy prent lune: et demain lautre.

c.ii

Ludite formose tenere cantate puelle,
Nam defluunt anni more fluentis aque
Nec que preteriit sterum reuocabitur vnda,
Nec que preteriit hora redire potest.

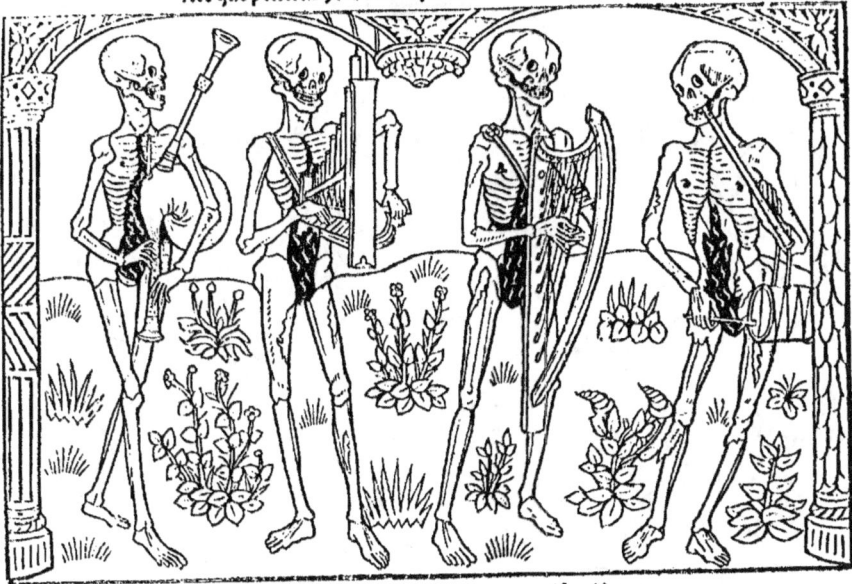

Le pmier menestrel

Venez dames et damoiselles
Du siecle et de religion,
Vesues, maries, et pucelles,
Et autres sans exception
De quelconque condition
Toutes: danser a ceste danse
Vous y venrez, veuillez ou non,
Qui sage est souuent y pense.

Le second

Quoy sont voz corps: ie vo⁹ demãde
Femmes folies tant bien parees:
Ilz sont pour certain la viande
Qui iour sera aux vers donnee,
Des vers sera doncques deuoree
Vostre char: qui est fresche et tendre
Ia si nen demourea goulee,
Voz vers apres deuiendront cendre

Le tier

Compaignon bonne est ta raison
De ses femmes oultrecuidees:
Que leurs corps sera venaison
De vers puans vng iour mengee,
En porroient elles estre gardee
Pour or, argent, ne rien qui soit:
Nenny, bien sont doncques abusee
Qui ne samende il se decoit.

Le quart

O femes mirez vous en vng cas
Dossemens de gens trespassez:
Lesquelz ont en diuers estas
Au monde estez leurs temps passez
Et maintenant sont entassez
Lun sur lautre: gros, et menus,
Ainsi serez: or y pensez.
La char pourrie les os sont nuds.

Ex vtero natis posita est lex ire: sed esse
Certos: sub sole perpetuare nichil.
Ex vtero natis pedetentim calle sub ipso
Subdola mors comes est: nos laqueare studens.

La morte

Noble royne de beau coursage
Gente et ioyeuse a laduenant:
Jay de par le grãt maistre charge
De vous en mener maintenant
Et comme bien chose aduenant
Ceste dance commencerez.
Faictez deuoir au remenant ·
Vous qui viuez ainsi ferez.

La royne

Ceste dance mest bien nouuelle
Et en ay le cueur bien surprins
De dieu quelle dure nouuelle
A gens qui ne lont pas apprins
Las en la mort est tout comprins
Royne, dame, grant ou petite
Les plus grãds sõt les premiers prins
Contre la mort na point de fuyte

La morte

Apres ma dame la duchesse
Vous vien querir et pourchasser
Ne pensez plus a la richesse
A biens ne ioyaulx amasser.
Auiourduy vous fault trespasser,
Pour quoy de vostre vie est fait
Folle est de tant embrasser.
On nemporte que le bienfait.

La duchesse

Je nay pas encore trente ans
Helas: a leure que commence
A sauoir que cest de bon temps
Mort me vient tolly ma plaisance
Jay des amis, et grant cheuance,
Soulas, esbas, gens a deuis
pour quoy moiltz me plaist cendãce
Gens allez si meurent enuys.

c.iii.

Passibus inuigilat nostris mors: omnia rerens
Nec sinit esse diu. quicquid in orbe fluit
Continuo cadimus viuentes. fila sororum
Atropos arrumpens emula sepe venit.

La morte

Or ca ma dame la regente
Qui auez renom de bien dire,
De danser, fringuer, estre gente
Sur toutes quon sauroit eslire,
Vous solies autres faire rire
Fettier gens et raser
Or est il temps de vous reduire,
La mort fait tretout oublier.

La regente

Quant me souuient des tabourins
Nopces, festes, harpes, trompettes.
Menestrelz, doulcines, clarins:
Et des grans cheres que iay faictes
Je congnoiz que telz entrefaictes
En temps de mort nont point de lieu
Mais tornent en pouures espleites
Tout se passe fors amer dieu.

La morte

Gentille femme de cheuallier
Que tant amez deduit de chasse
Les engins vous fault habiller
Et suiure le train de de ma trasse
Cest bien chasser quat on pourchasse
Chose a son ame meritoire
Car au derrain mort tout enchasse
Ceste vie est moult transitoire

La femme du cheuallier

Pas si tost mourir ne cudoye
Et comment dea ie souppe hier
Sur lerbe verte a la sauloye
Ou fis mon esperuier gayer
En rien plus ne se fault fier
Et quest ce des fais de se monde
Huy rire demain lermoyer,
La fin de ioye en deul redonde.

La morte

Dame abesse vous lesserez
Labbaye que auez bien amee,
Qun peu des biens nemporterez
Plus nen serez dame appellee
Vostre crosse dargent douree
Vne de voz seurs auera
Qui apres vous sera sacree
Tout fut aultruy: tout y sera.

Labesse

Le seruice hier ie faisoye
En leglise comme abesse
Et ma crosse dargent portoye
A matines et a la messe
Et auiourduy fault que ie lesse
Abbaye crosse et couuent
Hee dieu: de ce monde quest ce,
On est de mort comprint souuent

La morte

Dame ployez voz gorgeretes
Il nest plus temps de vous farder
Voz toretz froteaulx et bauetes
Ne vous porroient icy aider.
Pleuseurs sont deceu par cuider
Que la mort pour leur habit fleche,
Chascun il deust bien regarder
Par habit mainte femme peche

La femme de lescuier

Hee: quay ie meffait ou mesdis
Dont doit souffrir telle perte
Jauoye achete au landit
Du drap pour taindre en escarlete
Et eusse eu vne robe verte
Au premier iour de lan qui vient:
Mais mon emprise est descouuerte
Tout ce quon pense pas nauient.

La morte

Se vous auez sans fiction
Tout voustre temps seruir a dieu
En cueur: en la religion
La quelle vous auoit vestue:
Celuy qui tous biens retribue
Vous compensera loyalment
A son voloir: en temps et lieu,
Bienfait quiert auoir bon paymēt

La prieuse

Se estoit en ma religion
Seruir a dieu tout mon desir:
En cloystre par deuotion
Dire mes heures a lesir,
Or mest venue la mort sesir.
Au monde nay point de regre.
Face dieu de moy son plesir,
Prandre doit en la mort engre.

La morte

Venez apres ma damoiselle:
Et serrez tous voz affiquetz
Renchault se estez layde: ou belle:
Lesser vous fault plait et quaquetz
Plus ne tres a ses bancquetz:
Ou sent si souef leau rose,
Ne verrez iouster a rouquetz,
Femmes font faire moult de chose,

La damoiselle

Que me vallent mes grans atours
Mes habitz, ieunesse, beaute,
Quāt tout me fault lesser en plours
Oultre mon gre et volente,
Mon corps sera tantost porte,
Aux vers et a la pourriture,
Plus nen sera balle ne chante,
Joye mondaine bien peu dure.

La morte

Et vous aussi gente bourgoise
Pour neant vous excusez
Il est force que chascun voise:
Comme veez et aduisez,
Voz beaux gorgias empesez
Ny font rien, ne large senture,
Maintz hommes en sont abusez
En tous estatz il fault mesure,

La bourgoise

Mes getz et et colletz de letisse
Ne me exemptent point de mort
Mais mes grans ioyes et delices,
Me viennent icy a remort,
Ma conscience fort me mord
Des folies faictes en ieunesse
Qui me sont a rebours tresfort
Joye en la fin torne en tristesse

La morte

Femme vefue venez auant
Et vous auancez de uenir
Vous veez les autres deuant
Il conuient vnefoiz finir
Cest belle chose de tenir
Lestat ou on est appellee
Et soy tousiours bien maintenir
Vertuz est tout par tout louee,

La femme vefue

De puis que mon mari morut
Jay eu des affaire granment:
Sans que ame maye secourut
Si non: de dieu gart seulement:
Jay des enfens bien largement
Qui sont ieunes et non pourueus
Dont lay pite: mais nullement
Dieu ne lesse acuns despourueus.

fluctibus. aut morbo. feu flãmis. strage. veneno
Macra fames. calidum. frigora. cura. nocent.
Ergo quis in tantis possit cras dicere viuam
Cum videat quotiens mors male visa ferit.

La morte

Allons oultre gente marchande
Et ne vous chaille de peser
La marchandie quon demande:
Cest simplesse dy plus muser.
A lame deussez aduiser.
Le temps sen va heure apres heure;
Et nest tel que den bien vser.
Le merite et bien fait demeure.

La marchande

Qui gardera mon ouroueur
Tendis que ie suis a mal aise:
Mes gens ne feront que iouer
Les biés leur viennent a leur aise.
A dieu ma balance. et ma chaise.
Ou iay eu les yeulx diligens
pour plus cher vēdre dont me poise.
Auarice decoit les gens.

La morte

Apres ma dame la balliue
Des quaquetz tenus en leglise:
Iuger auez par raison viue
Maintes gens a vostre guise.
Ie vous signifie main mise
Pour pouruoir dautre en voz lieu.
Car auiourduy serez desmise.
Point ne se fault iouer a dieu.

La balliue

Car femme se plaint de leger
La costume nest pas nouuelle:
Que sentremecte de iuger
Des fais daultruy et non pas delle
Chascune se repute telle
Que ce quelle fait est bien fait.
Quoncques mal ne fut dit par elle
Il nest rien au monde parfait.

La morte

Pour vous monstrer vostre folie
Et quon doit sur la mort veiller:
Ca la main espousee iolie
Allons nous en deshabiller.
Pour vous ne fault plus trauciller
Car vous viendrez coucher ailleur
On ne se doit trop resueiller.
Les fais de dieu sont merueilleux

Lespousee

En la iournee quauoye desir
Dauoir quelque ioye en ma vie:
Ie nay que deul et desplaisir
Et sil fault que tantost deule.
Hee mort: pour quoy as tu enuie
De moy: qui me prent si a coup.
Si grant faulte nay deseruie.
Mais il fault louer dieu de tout.

La morte

Femme nourrie en mignotise
Qui dormez iusques au disner:
On va chauffer vostre chemise
Il est temps de vous desieuner.
Vous ne deussez iamais ieuner:
Car vous estez trop maigre z vuide
A demain vous viens adiourner.
On meurt plus tost que on ne cuide

La femme mignote

Pour dieu quon me voise querir
Medicin ou appoticaire.
Et comment: me fault il morir
Iay mary de si bon affaire.
Aneaulx. robes. ir. ou dir paires.
Ce morceau cy mest trop aigret
Moult se passe tost vaine gloire.
Femme en ses faulx meurt a regret.

Non licet vt video vane confidere vite
In qua nulla fides est nisi certa mori.
Singe gy aspicias morientem: sed frenez nanqz
Consimili pena te vocat vna dies.

La morte
Doulce fille et belle pucelle
Ne vous chaille ja de lesser
La misere de vie mortelle
Qui conuient a chascun passer.
Car qui vouldroit bien tout tracer
Il na seurte narrest en lieu
Fors son sauuement pourchasser.
Virginite plaist bien a dieu.

La pucelle vierge
En se siecle ieunes ne ne vieulx
Ne sont pas en grant seurte
De larmes sont souuent les yeulx
Plains: pour ennuy. ou pouurete.
Se on a vne ioyeusete
Il vient apres quinze douleurs.
Pour vng bien: double aduersite.
Plaisir mondains finit en pleurs.

La morte
Nous direz vous rien de nouueaux
Ma dame la theologienne
Du testament vieulx ou nouueau
Vous veez comme ie vous menne
Et estez la fort ancienne
Il fait bon cecy recongnoistre
Et a bien morir mectre paine.
Cest beacop que de se congnoistre.

La theologienne
Femme qui de clargie respond
Pour auoir bruit ou quon lescoute
Est des morues de petit pont
Qui ont grans yeulx et voyent goute
Sage est qui rondement si boute
Et qui trop veult scauoir: est bugle.
Le hault monter sonuet cher couste.
Chascun en son fait est auengle.

La morte
Apres: nouuelle mariee
Qui auez mis vostre desir
A danser. et estre paree
Pour festes et noupces choisir.
En dansant ie vous vienz saisir
Auiourduy serez mise en terre
Mort ne vient iamais a plaisir
Joye sen va comme feu de ferre

La nouuelle mariee
Las: demy an entier na pas
Que commence a tenir mesnage.
Par quoy si tost passer le pas
Ne mest pas doulceur mais rage
Jauoye desir en mariage
De faire mons.et merueilles.
Mais la mort de trop pres me charge
Vng peu de vent abat grans feuilles

La morte
Femme grosse prenez loisir
Dentendre a vous legerement
Car huy mourrez cest le plaisir
De dieu et son commendement.
Allons pas a pas bellement
En getant vostre cueur es cieulx
Et nayez peur acunement.
Dieu ne fait rien que pour le mieulx

La femme grosse
Jauray bien petit de deduit
De mon premier enfentement
Si recommende a dieu le fruit
Et mon ame pareillement
Helas: bien cuidoye aultrement
Auoir grant ioye en ma gesine
Mais tout va bien piteusement
Fortune tost change et fine.

La morte

Dictez ferune femme a la cruche
Renommee bonne chamberiere:
Respondez aumoinf quất on huche
Sans tenir si rude maniere.
Vous ne irez plus a la riuiere
Vanct: au four, ne a la feneftre.
Cest cy voftre iournee derreniere.
aussi toft meurt seruất que maiftre

La chamberiere

Quoy: ma maiftresse ma promis
Me marier. et des biens faire.
Et puis si ay dautres amis
Qui luy aideront a parfaire
Dee: men iray ie sans rien faire.
Pen appelle: on me fait tort
Aussi ne men seroye ie taire.
Peu de gens defirent la mort.

La morte

E auez vous recommanderesse
Soit ung bon lieu pour moy loger
Jay bien meftier que on madresse:
Car nul ne me veult heberger.
Mais ien feray tant desloger
Que on cognoiftra mon enseigne.
Mourir fault pour vous abreger.
Nul ne pert que autre ne gaigne

La recommanderesse

En la mort na point de amitie
Et si ne fait rien pour requeste.
Or, argent, priere, pitie,
Pour neant on sen rompt la tefte.
Qui y veult refifter eft befte.
La mort a nulluy ne complaift
Et fault tous danser a sa tefte.
Mourir connuient quất a dieu plaift

La morte

Ma damoifelle du bon temps
A tout voz anciens atours:
Il eft de vous enuenir temps
Nature a en vous pris son cours
Vous ne pouez viure touffours
Je voy deuant: venez apres
Et ne faictez point longz seiours
Vielles gens sont de la mort pres.

La vieille damoiselle

Jay voirement mon temps passe:
Et ayme mieulx ainfi mourir
Que reueoir ce qui eft passe.
Et tant de miseres courir
Jay veu pouures gens langourir
Et autres choses dont me tais.
Enfens: pour bien viure et mourir
Il neft plus grant bien que de pais

La morte

Femme de grant deuotion
Cloez voz heures. et matines.
Et ceffez comtemplation
Car iamais nyres a matines
Se voz prieres sont dignes
Elles vous vaudront deuant dieu
Rien ne baillent souppirs ne fignes
Bonne operation tient bon lieu.

La cordeliere

Je remercye le createur
A qui plaift de me enuoyer querre
En louent le bon redempteur:
Des biens qui ma donne sur terre
Aux temptacions ay eu guerre
Qui eft moult forte a demener
Mais il aide qui veult requerre
Seruir dieu eft: viure et regner.

Est breuis illa dies hodie. quia forte peruim

Est michi sola dies. heu metuenda dies.

Reg̃s horrenda dies. quia tunc michi meta merendi

Clauditur. illa dies leta ve. dira ve dies.

La morte

Femme daccueil et amiable

A festier gens a plante,

Acquis auez amis de table

Pour parler de ioyeusete

Le temps nest tel quil a este

Rien ne vault icy vacabont

Parler. qui nest que vanite

Ceulx qui ont le bruit ont le bont

La femme daccueil

Auiourdy parens et amys

Promectent mons et merueilles

Mais quãt voyẽt quon est bas mis

Il batent trestous les oreilles

Et sont aussi sours comme fueilles:

Que le vent fait voler par coupples

Et que vallent promesses telles.

Vrais ne sõt pas les amis doubles

La morte

Apres nourrice: vostre beaux filz

Nonobstant son couuertouer

Et son beau bonnet a trois fils

Vous ne le menrez plus iouer

Deslogez vous sans delayer

Car tous deux mourres ensemble

Vous ne pouez plus cy targer

la mort prẽt tout quãt bon ly sẽble.

La nourrice

A ceste dance fault aller

Comme sont les prestes au seyne

Ie voulsise bien reculler:

Mais ie me sens la bouce en layne

Entre les bras: de mon alaine

Cest enfant meurt despidinie.

Cest grant pite de mort soudaine

Il nest qui ait heure ne demie.

La morte

Pas ne vous oblieray derriere

Venez apres moy: ca la main

Entendez plaisante bergiere

On marchande cy main a main

Aux champs nirez plus soir ne mat

Veiller brebis: ne garder bestes,

Rien ne sera de vous demain

Apres les veilles sont les festes

La bergiere

Ie prens conge du franc goustier

Que ie regrecte a merueilles.

Plus naura chappeau de glantier

Car vecy piteuses nouuelles

A dieu bergers et pastourelles

z les beaux chãps q̃ dieu fit croistre

A dieu fleurs. et roses vermeilles,

Il fault tous obeir au maistre.

La morte

Apres pouure vielle aux potences

Qui ne vous pouez soustenir

Cy bas nauez pas vos plaisances

Aussi vous enconuient venir

Lautre siecle est a aduenir.

Ou pour vostre mal et misere

Pouez a grant bien paruenir.

Dieu recompense tout en gloire

La femme aux potences

De viellesse ne voy mais goute.

Par quoy ne crains guere la mort

Dix ans y a que iay la goute

Et maladie me grefue fort

Mes amis ont le mien a fort

Et nay vaillant deux blans cõteus

Dieu seul est tout mon reconfort

Apres la pluye vient le beau temps

Ortum suum queq; repetunt. terram que sequuntur.
Stos fluit. vmbra fugit. omnia nata cadunt.
Nil reputo longum. dubius quod terminus angit
Crastina forte dies. est michi sola dies.

La morte

Va pourre femme de village
Suiuez mon train sans retarder
Plus ne vendre euf ne formage.
Allez voftre panier vuider
Se vous auez bien sceu garder
Pourete. pacience. et perte.
Vous en pourrez moult amender.
Chascun trouuera sa deserte.

La femme de village

Je prens la mort vaille que vaille
Bien engre. et en pacience:
Grãs archies ont pris ma poullalle
Et en toute ma substance.
De pourres gens nul nen pense.
Entre voisins na charite.
Chascun veult auoir grant cheuãce
Nul na cure de pourete.

La morte

Et vous ma dame la gourree
Vendu auez maintz surplis
Donc de largent estes fourree
Et en sont voz coffres remplis
Apres tous souhaitz acomplis
Conuient tout lesser et bailler
Selon la robe on fait le plis
A tel potage telle cuiller

La vielle

Atout mon cas bien recongnoistre
Je nay pas vescu sans reprouche.
Me suis affuble de mon maistre
Comme fait coquin de sa pouche
Jay souuët mis ses vis en brouche
Et lay fait despendre a ma guise
Mals maitenãt lamort maproche
Tant va le pot a leau qui brise.

La morte

Approchez vous reuendere sse
Sans plus cy faire demouree.
Voftre corps: nuit et iours ne cesse
De gaigner pour estre honnoiree.
Honneur est de pourure duree.
Et se pert en vng moment deure
Au monde na chose asuree
Tel rit au main qui au soir pleure.

La reuenderesse

Januye hier gaigne deux escus
Pour forfaire subtilement
Mais ne scay qui sont deuenus
Argent acquis mauuaisement
Ne fait ia bien communement
Helas ie meurs: cest daultre metz.
Que iay le preste hastiuement
Il me vault mieulx tard q iamais

La morte

Femme de petite value
Mal viuant en charnalite:
Menez aue vie dissolue
En tous temps yuer et este
Naye le cueur espouente:
Combien que soyez de pres tenue
Pour mal faire on est tormente.
Peche nuit quant on continue.

La femme amoureuse

A ce peche me suis soubmise
Pour plaisance desordonnee:
Pedus soiët ceulx qui my ont mise
Et au mestier habandonnee
Las: se ieusse este bien menee:
Et conduite premierement
Jamais ny eusse este fourcee
La fin suit le commencement

Pſalm quiſcunque dies ſibi longos eſtimat, errat,
Nulli eſt tota dies viuere tuta dies.
Fruſtra diſco dies, ſi mencio nulla dierum.
Cu a ſter nulla dies vna nec hora quiee.

La morte

Venez ca garde dacouchees
Dreſſe auez maintz baingz perdus
Et les cortines attaches
Ou eſtoient beaulx bocques pendus
Biens y ſont eſtez deſpendus,
Tant de motz ditz que ceſt vng ſõge
Qui ſeront apres cher vendus.
En la fin tout mal vient en ronge.

La garde dacouchees

Jay voyremẽt dreſſe maintz baigs
Pour les comperes et commeres:
Ou ſont eſte paſtes de coings
Menges, darioles, goyeres,
Tartes, et fait mille grans cheres.
Si toſt quon a oſter la table
Il nen ſouuient a nulluy gueres.
Joye de menger eſt peu durable.

La morte

Tirez vous pres petite garſete
Baillez moy voſtre bras menu
Il fault que ſur voꝰ la main mecte.
Voſtre derrain iour eſt venu
Mort neſpergne gros ne menu,
Grant ou petit: luy eſt tout vng.
Payer on doit: de tant tenu,
La mort eſt commune a chaſcun.

La ieune fille

Haa ma mere ie ſuis happee:
Vecy la mort qui me tranſporte.
Pour dieu quon garde ma poupee
Mes cinq pierres ma belle cote.
Ou elle vient: treſtout emporte
Par le pouoir que dieu ly donne.
Vieulx et ieunes de toute ſorte.
Tout vien de dieu: tout y retorne.

La morte

Suiuez mon train religieuſe
De voz fais conuient rendre cõpte.
Se point nauez eſte piteuſe
Aux poures: ce vous ſera honte
En paradis point on ne monte
Fors par degre de charite.
Entendez bien a voſtre compte
Tout ce quon fait y eſt compte.

La religieuſe

Jay fait par tout ce que ia peu
Aux poures ſelon leur venue:
Les malades penſe, et repeu,
Non ſi bien que ie eſtoye tenue.
Mais ſe faulte il eſt aduenue:
Dieu me pardonne la defaille
Sa grace touſiours retenue.
Il neſt ſi iuſte qui ne faille.

La morte

O yez oyez: on vous fait ſauoir.
Que ceſt vielle ſorciere
A fait mourir et decepuoir
Pluſeurs gens en maiſe mainiere
Eſt comdamnee comme meutriere
A mourir ne viura plus gaire.
Je la maine en ſon cymitire.
Ceſt belle choſe de bien faire.

La ſorciere

Mes bonnes gens ayez piſe
De moy: et toute pechereſſe
Et me donne par amite
Don de patenoſtre ou de meſſe.
Jay faiz des mal en ma ieuneſſe
Dont icy achete la prune.
Si priez dieu que lame adreſſe.
Nul ne peult contre ſa fortune.

Uermibus hic donor
et sic ostendere cogor
Qualiter hic ponor
ponitur omnis honor

Ut placet in longum vite spem tempozo auge
Ex nichilo nichilum mox erit atq nichil,
Mille fuce e viri millent millia mille
Corpus hun o putruit. nouisue fama caret

La royne morte

Je estoye royne couronnee
Plus que autre doubtee, et crainte
Qui suis icy aux vers donnee:
Apres que de mort fuz attainte.
Sur la terre ie suis contrainte
Destre couchee a la renuerse:
Pour quoy est dure ma complaicte.
Bien charie droit qui ne verse

Prenez y qui me regardez
Exemple pour uostre prouffit
Et de mal faire uous gardez
Je nen diz plus si me souffit
Si non: car celluy qui uous fit
Quant il uouldra uous deffera.
Deffais estiez quant uous reffit
Qui bien fera bien trouuera.

Lacteur

O uous seigneurs et aussi dames
Qui contemplez ceste paincture:
Plaise uous prier pour les ames
De ceulx qui sont en sepulture
De mort neschappe creature.
Allez. venez. apres mourres
Ceste vie qui bien peu ne dure,
Faicte biens uous le trouueres.

Jadis furent comme uous estes
Qui ainsi dansent. en facon telle
Allas parlans comme uous faictes
De gens mort il neut plus nouuelle.
Ne il nenchault dune seule
Aux hoirs ne amis des trespasses:
Mais qui ayent argent. et uaisselle
Ayez les en pite: cest asses.

Sed superest meritis mercedem sumere dignam.
Optima pro meritis. et victosa pati.
Aspice iudicium hoc merendum. iudice tanto
Qui vocat. et venit illa timenda dies

Puis que ainsi est quil nous fault tous finir:
Et apres fin compte a dieu du tout rendre.
Las: desormas vueillons nous maintenir
Si saintement: sans tache et sans mesprendre:
que a leure horrible ou mourt nous vouldra prendre
Nostre pouure ame a present vicieuse
Soit des vertus tant riche. et precieuse
Que voler puisse en la clere cite.
Ou est plaisir. ioye. et felicite.
Salut. vertus. aussi paix pardurable.
Vie sans mort. beaulte. sante. ieunesse.
Los pieu. pouoir. et force insuperable.
Qui tousiours dure: et qui iamais ne cesse.

Las nous voyons tous lesiours mort venir
Qui est la fin que nous debuons actendre.
Et ne sauons que peulent deuenir
Les esperiz: quant les corps sont en cendre.
Les bons vont sus. les mauuais fault descendre
En vne chartre obscure. et tenebreuse:
Ou est vermine immortelle angoisseuse.
Misere. enunis. faulte. et necessite.
Faim. soif. pleur. cry. et toute aduersite.
Horreur. peur. fraieur inenarrable.
Mort sans mourir. desespoir et tristesse.
Feu sans lumiere. et froit intollerable.
Qui tousiours dure: et qui iamais ne cesse.

Helas pour tant vueillons bien retenir
Tous ces poins cy: et a bien faire entendre.
Si que apres mort nous puissons peruenir
Ou hault royaume ou nous deuons tous tendre.
Qui tant riche est: que cueur ne peult comprandre
On y vit en paix quest chose glorieuse
Et oyt on son de voix si melodieuse

Ergo time. te instrue. corrige mentem.
Uiue mori presto; debita ferre para.
Dum licet et spacium datur. ista relinque
Pro patria celi. qua sine fine dies.
Non est illa dies cursus vt ista. dierum
Est deus illa dies. vltima n ostra quies.

La ont les corps impaccibilite,
Agilite. clarte. subtilite,
Et les ames: sapience admirable,
Puissance. honneur. seurete. et liesse,
Concorde: amour en gloire inseparable
Qui tousiour dure: et qui iamais ne cesse.

O mauuais riche: enfle de iniquite,
Rude aux pouures, las: que ta proffite
Ton riche habit: ta plantureuse table,
Puis que tu es pouure pour ta richesse,
Et as soif ores: et faim insaciable,
Qui tousiours dure: et qui iamais ne cesse.

Mors resecat: mors oe necat qd carne creatur
Magnificos premit et modicos cunctis dnatur
Nobilium tenet imperium: nullu qz veretur.
Tam ducibus qz principibus communis habetur
Mors iuuenes rapit: atqz senes nulli miseretur
Illa tremit genus oe tremit qd in orbe moetur
Illa ferit: caro tota perit: dum sub pede mortis
Conteritur. nec eripitur vir robore fortis.
Nil redimit: dn mors perimit. quia federa nuqz
Nec precium. nec seruicium mors accipit vnqz.
Sed quid plura loquar: nulli mors impia parcit
Nec euadit inops: nec qui marsupia farcit.

Sensuit le debat du corps et de lame

Ne grant vision: la quelle est cy escripte:
Jadis fut reuelee a philibert lermite.
Homme de saincte vie: et de sigrant merite:
Quonique ne fut par luy faulse parole dicte.

Venuz estoit au siecle de grant extraction,
Mais pour fuir le monde et sa decepcion:
Quant luy fut reuelee icelle vision:
Tantost deuint hermite par grant deuotion.

La nuit quant le corps dort: et lame souuêt veille,
Aduint ad se prudome tres grande merueille
Car vng corps murmurant senfoit a son oreille.
Et lame daultre part que du corps sesmerueille.

Lame se plaint du corps et de son grant oultrage
Le corps respond que lame a fait tout ce domage.
Lors alleguent raison: lors alleguent vsage.
Tout ce retient lermite comme prudom et sage.

d.i.

Cy parle lame au corps

Hee doulant corps dit lame: quel es tu deuenu,
Tu estoye deuant hier pour sage homme tenu.
Deuant toy senclinoit le grant et le menu:
Or es soudainnement a grant honte venu.

Ou sont tes grans maisons et tes grans edifices
Tes cheuaux et tes tours: faictes par artifices.
Tes gentilz escuiers mis en diuers offices.
Tout seul es demore comme musart et nices.

Ou sont tes nobles fies: tes haultes signories,
Et tant de beaux manoirs: toutes tes metaries.
De tes bestes a corne les grandes bergeries.
Rentes et reuenues quon te soloit paies.

Tu soloye dominer sur aultres comme roy.
Maintenant ont les vers la signorie de toy.
Tu es bien renuerse et mis en desarroy.
Car tu nas de tous biens la valeur dun tornoy.

On estimoit ton fait hier vne grant besoingne.
Qui saprochoit de toy maintenant sen esloingne.
Car tu es plus puanz que quelconque charoingne.
Nulluy ne te regarde qui nait de toy vergoingne.

Bien est le temps change et la chanse muee.
En lieu de grant maison et de chambre paree.
Entre sept pies de terre est ta char enterree.
Et moy pour tes meffais en enfer suis banuee.

Moy que dieu auoit faicte tant noble creature:
De tresnoble matere et de noble figure:
Il mauoit par baptesme faicte innocente et pure
Par toy suis en peche par toy suis en ordure.

Par toy dolente char suis de dieu reputee,
Pour quoy bien dire puis: aquoy fuz oncques nee.
Mieulx me vaulsit assez que fusse anichilee,
Ou du ventre ma mere au sepulcre portee.

Tant comme as vescu en cest mortel vie:
De toy bien ne me vint: ne de ta compaignie.
A peche mas attraite et a faire folie.
Don ien suis en grāt peine, et tu ny fauldras mie

La peine que ie endure surmonte tout martire:
Que cueur pourroit penser ne langue seroit dire.
Sans confort, sans remeide, a durer teud et tire.
Quant peine tousiours dure il nest mal q̄ soit pire.

Ou sont tes chaps, tes vignes, tes terres cultiuees
Tes maisons, tes cheuaux, et haultes tours leuees
Tes pierre precieuses, tes coronnes, dourees.
De lor et de largent les sommes emboursees.

Ou sōt tes lictz de plume z tes beaux couuertours
Tes robes a rechange sur estranges couleurs.
Les espices confites pour diuerses saueurs
Tes coupes et hennaps pour seruir grās seigneurs

Ou sont tes esperuiers, et tes nobles oysianx.
Tes braches te leuries courans par les bois haulx
En lieu de sauagine et daultres gras morceaux.
Est ta char cy endroit viande aux vermiceaux.

Le toict de ta maison enuers toy fort saprouche.
Car tu gies sur le bas, le hault ioinct a ta bouche.
Tu nas membre sur toy qui nait aucun reprouche
Os, char, et cuir pourrit, tu nas dēt qui ne touche
                                                        d. ii

Ce que as par peche par long temps amasse.
Par force. et par rapine. par serement fauce
Par peine. par labeur. par toy mesme lasse
En vne petite heure est ensemble passe

Tu neuz oncques parens ne amis en ta vie.
Qui nait honneur de toy et de ta compagnie
Ta femmes. tes enfens. et toute ta meingnie
Ne donneroient pour toy vne pome pourrie.

Ilz se passent de toy moult bien legerement
Car il ont maintenant tout en gouuernement
Ton or. et ton argent. et tout ton tenement
Tu nas de demorant fors que ton dampnement.

De toute ta richesse de toute ta substance
Que tu leurs as lessez en tresgrande habundance.
Ne donneroient pour toy ne pour ta deliurance.
Pour vng poure hôme auoir vng iour sa substãce

Or peult dõcques dolent corps sentir et esprouuer.
Pour quoy on doit le monde fuir et reprouuer.
Car on ne peult en luy fors fallace trouuer
Et si ne le peult on que par la mort prouuer.

Tu nas plº maistre ouurier que riche roube taille
Car tu as la liuree de pouure garsonnaille.
Tu ne feras iamais a pouures gens la taille.
Ne nauras grans cheualx pour entrer en bataille

Le monde hier te portoit reuerence et honneur
Les grans et les petis te clamoient leur seigneur.
Il nestoit si grant homme qui neust de toy peur.
Or as tu tost perdu ta gloire et ta valeur.

Regarde bien ta vie puis ta mort si remire.
Tu as este tirant qui tout prenoye a tire.
Or te tire vermine et derompt et desfire.
A tout ce que ie diz ne seroye contredire.

Tu na pas maintenant la peine et le torment
Que se seuffre par toy: sans quelque allegement.
Mais tu lauras apres le iour du iugement.
Quant reuiendras en vie ou lescripture ment.

La cteur

Quant le corps vit que lame tellement se pormène
Les dens estroit moult fort z mectz toute sa peine
A gemir et se plaindre et la teste demenne.
Comme sopirer puis et prandre son alenne

Quant la teste ot leuee et sa vertu reprise.
Si dit a lesperit say mal mis mon seruice.
Tu as prins plait a moy comme folle et nice.
Il ne finera pas du tout a ta deuise.

Cy respond le corps a lame

Se nest pas merueille se le corps se mesfait.
Car de par soy en luy il nya rien parfait.
Legierement sendine et tantost a deffait:
Tout ce que le droit veult et ce que raison fait

Dune part fiert le dyable: dautre le monde rue.
Pour quoy la poure char ne pourroit estre vne
Que ne soit par delit de leger abatue
Ou par consentement desconfite et perdue

Mais ainsi con tu dis: dieu ta faicte et cree.
De sens et de raison: dentendement aornee.
Il ta faicte ma dame et a toy ma donnee:
La chamberiere suis: par toy suis gouuernee.

·Puis doncques que dieu ta fur moy dône puiſſâce
Et ta donne raiſon et clere congnoiſſance,
Tu deuſſe auoir eſtee de telle prouidence,
Que ie neuſſe faiz mal par aucune ignorance.

Sages hommes doiuent tous ſauoir et entendre,
Que on ne doit la char ne blaſmer ne reprandre
Le blaſme en eſt a lame qui ne la veult deffendre,
Corps ſe doit deliter: et tous ſes aiſes prandre.

Se leſperit ne fait la char conſiderer,
Chault, froy, faim, et ſoif, ne ly fait endurer.
Les delices mondaines la font deſmeſurer,
Si que ſans peche gaire ne peult homme durer.

La char qui doit pourrir ne ſcet point de malice,
On la demeine tout comme vne beſte nice,
Legerement ſencline a vertu, ou a vice,
Mais leſperit doit eſtre ſa dame et ſa nourrice.

Vices et peches faire ce eſtoit ma nature,
·Pour tât ſe iay mal fait ie nay fait que droicture.
De droit faire ne doit aucune creature,
Eſtre blaſmee, ne quon luy diet ou face iniure.

·Puis doncques que lame a la char en commande,
A la char il fault faire tout ce quelle commande,
Ie tienz a grant folie contre moy la demande
Que tu faiz de peche: ne ſcay que me demande.

De toy vient le peche: de toy vient la folie,
Ie ne puis plus parler: ne te deſplaiſe mie,
Car le ſens entor moy vne menue mengnie,
Qui me mort et derompt: va ten et ſe ten prie.

Celle menue mengnie ſôt pleuſeurs vermiceaux
Gros enuiron comme ſont pointes de fuſeaux,
Mon vêtre en eſt tout plain ſi eſt toute ma peaux
De moy ilz feront plus de cent mille morceaux.

Lors a dit lame au corps: encor nest pas apoint
De lesser la querelle ne le plaist en tel point,
Ta parole est amere de doulceur ny a point,
La coulpe metz sur moy que durement me point.

Cy parle lame au corps

Toy char pourre et dolente pleine diniquite,
Ta faiblesse ma fait perdre ma dignite,
En tes paroles na acune verite
Et tout tant que tu dis nest fors que vanite.

Verite est que lame doit la char chastier
Mais la char ne se veult pour lame corriger
Se lame la reprent ne fait que rechigner
Tousiours veult gormāder, risler, boire et mēger.

Quant la char doit seuner elle a mal en la teste,
Se elle ne boit matin cest vne grant tempeste,
Vng peu de penitence luy fait si grant moleste,
Con ne peult delle auoir ioye, solas, ne feste.

Ie deuoye par droit auoir la signorie,
Mais tu la mas forfaite par ta lozengerie,
Tes delices charneulx, et ta maluaise vie,
Ou perfond puis denfer ont ma teste plongie.

Bien scay que iay erre quant ne fay refrené,
Mais par tes flleiteries suis este barete,
Par tes mondains plaisir mas apres toy mene
Pour ce la plus grant peine te deut estre donnee.
                                              d. iiii

Car tu es trop allez le chemin et la voye
Des delictz corporeulx que ie te deffendoye.
De lennemis denfer que toustours nous guerroye
Pour quoy auons perdus de paradis la ioye.

Le monde deuant hier te monstroit beau visage.
Richesse te donnoit et delices au large
Et si te promectoit de viure long eage.
Ore te fait la mouet cest paier ton musage

Lacteur
Quant le corps voit que lame si tresfort le reprent
A crier et a braire vers elle se reprent.
Puis apres simplement sa parole reprent
Forment est dur le cueur a qui pite nen prent

Cy parle le corps a lame
Helas: quant me pouoye haultement maintenir
Mes grans pocessions et mes terres tenir:
Lors oncques de la mort ne me peult souuenir.
En piece ne cuidasse a tel honte venir

Et si neust pas souffit tout le temps de ma vie:
Dy auoir bien penser: et mis mon estudie:
Se que ie ne fiz oncques ne heure ne demie:
Oyr parler de mort ie ne vouloye mie.

Il ne souffisoit pas tout le temps de ma vie.
Sans autre chose faire: si non a estudie
pour bie viure et mourir. mais ne cognoissoye mie
Le mal que ie fasoye ne ma grande folie.

Or voy le bil lãs faille que a lamort rlẽ neschappe
Ny vault oz. ne argẽt. mãteau fourre. ne chayze.
Commandement de royt ne autozite de papez
Grans et petis conuient palter icelle trappe.

Bien voy que es damnee et que ie le feray
En feuÿre maintenant apzes le fouftreray.
Mais allez plus tu dois fouffrir que ne feray:
Et par monlt de raifons ie le te monltreray.

Bzay eft: que en pleuleurf pas lefcripture raconte.
Tant pl⁹ dieu dõne a lõme et tant pl⁹ hault le mõte
Tant plus eftroitement luy fauldza rendze cõpte
Et li fault a compter: tant aura plus grant hõte.

Dieu ta donne raiſoñ. fens. et entendementt
Volente de fuir maluais confentementt
Et puilfance de faire tout fon commendement.
De ce rendzas tu compte au iour du iugemenẽ

De tes puilfances nobles as forment abule:
Tout fon temps as perou et folement vle
Et ton fait denant dieu moult fort eft acule:
Pour quoy ta par raifon paradis refule.

Mais a moy qui ne fuis que ta pouure poztÞere
Que vermine allault: et denant et derriere
Dieu ne mauoit donne puilfance ne maniere
Don te puis fans toy aller nauaut narriere

La char ne peult fans lame: ne venir ne aller
Monter en paradis. ne en enfer deualer:
Sans lame ne peult elle ne fentir ne parler:
Ne les nus reueftir: ne les pouures hofteler.

Mais fe lame vouloit ouurer par bonne guife:
Amer dieu de bon cueur et faire fon feruice:
Honnorer fon pzochain: et feruir faincte eglife:
Elle menroit la char du tout a fa denile.

Pour ce que fay estee toufiours a toy encline,
Cefte maifon eftroicte me debrife lefchine,
Et felon lordenance de dieu qui point ne fine,
Je fuis toute puante et pleine de vermine.

Lefcripture raconte car mozir il conuient
Et que dure fera vne fournee qui vient,
Quant pefne temporelle eternelle deuient,
O comme fol eft lomme a qui point fen fouuient.

Lacteur

Adoncques feferie lame par grant affliction,

Hee dieu pour quoy mas faicte de tel condicion.
Que ie vinray tous temps fans terminuacion
En peine: quant certain eftoye de ma dampnacion.

Je tien la befte brute plus que moy euree,
Car quant fon corps eft mort: fon ame eft allee.
Pour ce me vauffit mieulx: que fuffe anichillee,
Quant fuz cree que deftre ainfi toufiours dapnee.

Cy demande le corps a lame

Respond moy dit la char dune telle demande
Ceulx qui sont en enfer en si grant penitence
Comme tu vas disans: ont il point desperance.
Daucun allegement ne de leur delturance.

Les nobles les gentilz qui sont de hault parage:
Ou ceulx qui ont le clez: or, argent en hostage.
Pour or, ne pour argét, pour sens, ne pour linage
Sur les aultres dampnes ont il point dauátage.

Cy respond lame au corps
Ta demande dit lame est trop peu raisonnable.
Car selon la sentence de dieu ferme et estable
Tous ceulx qui sont dápnes ont peine pardurable
Ne force, ne priere, point ne leurs est aidable.

Se tous religieux: prescheurs et cordliers.
Chátoiét toẜlessiours messes disoiét mille psaultierſ
Se le monde donnoit pour dieu tous ses deniers.
Neu tireroient vne ame de cent mille milliers.

Le diable y est toussours en sa forsennerie.
De tormenter les ames il a toussours enuie.
Promet z luy: paye les ton corps luy sacrifie
Pour ce ne te donra vng grain de cortaisie.

Des nobles et des riches te diray la maniere.
Sans grace sans deport leurs peine est entiere.
Táť plus sont estes hault de tant plus sont erriere
Et tant sentirent plus grant pouurete et misere.

On ne voit en enfer que tenebres obscures.
Des ennemis sans nombre en horribles figures
Dragons serpens crapaux tous velins et ordures
·Pour tormenter helas: les dampnees creatures.
　　　　　Lacteur
Quant mectoit a parler lame toute sa cure.
Trois dyables sont venus en leur laide figure,
Tant horribles visages: plus grant contrefaiture
Que on ne pourroit veoir en liure ne pointure,

Grattes de fer agues en leurs mains ilz tenoient
Feu gregois tout puant par la bouche getoient
Serpens envelimes en leur orailles estoient
Comme brandons de feu les yeulx flabans auoient

Unchascun de ses trois getoit sa grasse torte
La pouure ame ont chergie come vne beste morte.
Mais quat elle conguut denfer lorrible porte
Durement se complaint: forment se desconforte,

Et entre ses trois dyables a haulte voix se crye
Secours moy secours moy thesus filz de marie:
Ne considere pas maintenant ma folie:
De dauid te souuiengne et de ta courtaisie,

Quant les trois ennemis ont ce mot entendu
Haultement on cryez trop auez attendu
Musart: on doit auoir son temps bien despendu.
Deuant que le merite de leuure soit rendu.

Dor en auant ne vault rien le crier ne braire
Car plus ne trouueraz ihesucrist de bonnaire:
Maintenant te conuient en vng tel lieu retraire.
Que iamais ne verras clarte ne luminaire.

A ses dures nouuelles le prudon se resueille.
Sil fut espouente ne fut pas merueille.
A mener bonne vie tantost il sapareille.
Et seruir dieu du cueur des lors iour et nuit veille.

De tous peches pardon dieu nous veulle donner
Et ceŝt mortel vie tellement demener.
Que nous la puissions tous en sa grace finer
Et auec luy ioye pardurable mener.   Amen

        Cy finit le debat du corps et de lame
        Et ensuit la complainte de lame
        dampnee

Vous pecheurs qui fort regardez
De moy lorrible figure:
De mal faire bien vous gardez
Car ce monde bien petit dure.
Aduise chascun en quel cure
Pour les malx que ay faiz suis mis
Es dyables suis baille en cure
Et en enfer est mon logis

Las: le monde mauoit promis
Que ie viuroye longuement.
Las: voyes ie suis icy mis
A iamais sans diffiniment.
Et combien que ieusse souuent
En volente de mamander:
Pour la mort qui ma prins courrât
Ie ny ay puis remedier.
Donc braire me fault et crier
Pour le gref mal et le torment
Quil me conuient cy endurer
A iamais pardurablement.

Chascun apparcoit vrayment
Que de la mort suis supplante.
Viure cuydoye longuement
Et en enfer si ma plante.
Pour ce chascun entalente
Soit de bien viure en ce monde:
Affin que par son orphante
En mort: dieu ne le confunde.

Vray est que quât ie estoye au môde
En mal mectoye toute ma cure:
Pour ce que du bien ne tins copte
Le mal mest torne a vsure.
Donc raison est puis que neux cure
Fors seulement doptemperer
A la charongue: que larsure
Denfer me viengne consummer.
A ma charongue consolee
Las: pour quoy oncquei me côsêti
Cest raison de le comparer
Trop tart ie men suis repenti.

Trop tart a grant deul ie le dy
pour quoy ie ne voy toure ne voye
Que iamais ie puis dict
yessir ne auoir nul iour ioye,
Or et argent en ce monde auoye
Don ie fuz fol et glorieux,
Car desordonneement lamoye
Cest plus que dieu ne que les cieulx
Larron, glouton, luxurieux,
Plus que nul aultre en mon viuant
Ay ie este et en tous lieux
Or regarde que testament
Felon et furieux souuent,
Ay este toute ma vie
Rauisseur et fort murmurant
Orgueilleux et tout plain denuie,
Helas, ma tresmauldite vie
Que ie raconte en verite
Mon barat et ma tricherie
Mout de tout bien desherite
Car nul est qui liniquite
Peult penser ne le gref torment
Que souffrir me font sans pite
Les dyables qui me detiennent
Or puis ie crier en brayant
Las! pour quoy fuz ie oncques ne
Trop mieulx me vaulsit maistenat
Que ie feusse mort auorte
Puis que ainsi est que abandonne
Ie suis es mains de lennemy
Et que iay este comdampne
A iamais demorer o luy
Pour ce ie prie et suppli
Chascun de penitence faire
De ses peches affin que icy
Ne soit mis dedenz ie repaire
Pensez doncques chascun a bien faire
Ie vous emprie sur toute rien
Affin que vostre aduersaire

Ne vous empoigne en son lien
Nactendez pas dehuy a demain
La mort mercy ne vous fera
Car celluy est ennuit tout sain
Qui demain pas vif ne sera.

Grant paour doit auoir tout home
Qui sa vie a peche donne
Et ne tient les commandemens
Car il en souffrira tormens
En enfer perdurablement
Et apres le grant iugement
Qui moult sera espouentable
Acompagnie sera du dyable
Si na icy grant repentence
Et face fruit de penitence

Explicit

In inferno nulla est redempcio
ibi meror. ibi metus. ibi fetor. ibi fletus.
ibi probra deteguntur. ibi rei confunduntur.
ibi tortor semper cedens ibi vermis semp edas
ibi totum hoc ghenne. qui? ppes mors gehine

Ce petit liure contient trois choses:
Cestassauoir la danse macabre des
sémes.Le debat du corps et de lame
Et la complainte de lame dampnee
Lequel a este imprime a paris par
guyot marchant demorãt ou grãt
hostel de champs gailliart derrenier
le college de nauarre Lan de grace
mil quatre cent quatre vingz et six
le septiesme iour de iuillet.

www.ingramcontent.com/pod-product-compliance
Lightning Source LLC
LaVergne TN
LVHW022139080426
835511LV00007B/1178